Made in the USA
Monee, IL
19 September 2022

14232099R10070